方來界　敦堂書畫金石文字叢刊之廿一

陳茗屋　輯拓

張弘呈　趙雲　編

西泠印社出版社

潘伯鹰先生小像

序

潘先生是我崇敬的前輩，可惜請益的機會不多。我第一次見到他，是在永嘉路上海中國篆刻研究會。那時，我和駐會辦公的胡問遂丈、翁闓運丈較爲熟悉，會去那幢小洋房拜謁他們，和潘先生則没有交集。第一次和潘先生交談，聆聽他的教誨，是在他晚年住院期間——君匋錢老師要我准備二支小毛筆，磨一小瓶好墨汁，帶我去醫院看望潘先生。老師要請他題寫簽條，説也可代求。果不其然，那天潘先生當場賜題了二條『池寅盦印賸』。當然，先爲錢老師題寫了好幾條。那天對我來説是重要的一天，對錢老師更是重要的一天。潘先生從枕頭下掏出一張皺巴巴的小紙片，嘴裏説着『無倦苦齋，無倦苦齋』，聽得錢老師一頭霧水。接過紙片一讀，老師大欣喜。原來潘先生爲錢老師起了『無倦苦齋』的齋名，并擬就了印跋。第二天一早，錢老師就篆刻了那方後來聞名遐邇的白文『無倦苦齋』印，并把潘先生撰寫的長跋一字未改勒于印側。

潘先生是享有盛名的大書家。竊以爲，近代帖學巨擘的稱號，沈尹默先生、白蕉先生和潘先生是當之無愧的。潘先生書法藝術的水準自有公論，毋庸區區置喙。而他的《中國書法簡論》，則是我青少年時代讀過好幾遍，并買了好幾册贈送朋友的。

移居日本以前，我居滬瀆。江南書壇，過去受董玄宰的影響，近世則以沈先生、白蕉先生和潘先生影響力最大。所謂『桃李不言，下自成蹊』，繼起者衆。那時，除了有一位李丁隴先生樹着异幟，出格的并不多，也還没有出現用掃帚般的大筆在地上劃來劃去的。

潘先生不但是超一流的書家，更是一位學問家。看他爲君匋老師所撰『無倦苦齋』的印跋，言簡意賅，足見其舊學之深邃。而且他交游極廣，和許多印家交往密切，請刻了許多印章。

先生晚年，曾有集拓用印成譜的打算。後來，荷君夫人央錢老師，遂有委符驥良先生鈐拓之舉。老師幾次命我去荷君夫人處取印還印，不管是符先生取來，還是我取來的，都會先呈老師審鑒，而老師必命我先用肥皂把印面洗净，鈐拓一份。因了這個機會，我手頭便留有一份完整的《玄隱廬録印》。

據錢老師所言，委符先生鈐拓的，共有四份。倩汪子豆先生裝訂後，一册是給荷君夫人的，一册是符先生的，一册爲錢老師珍護，另一册錢老師贈送給了葉潞淵丈。前些年，我見到過坊間没有邊拓的鈐本，小本子，印泥佳，鈐得好，一望便知是出自符先生之手。猜想是他鈐了送人的。

十分遺憾，這件工作没能在潘先生生前完成。荷君夫人的那一册，她後來贈給新加坡的周穎南先生。周先生將其印刷出版。新加坡喜愛此道者不多，印數也少，流傳不是很廣。國内見過的人更是稀少。但是，這部印譜的内涵却十分豐富，收録的名家多爲一時之秀，春蘭秋菊，各擅勝場。相信各位讀者會贊成區區的孔見。

我鈐拓的這一份印譜散頁，一直没有裝訂，經過各種變遷，雖然散失了幾頁，竟然得以保存下來。前些年，上海辭書出版社刊印了潘先生的好幾本著作，也有出版這部印譜的打算。策劃者朱來扣兄曾陪同該社編輯莅臨舍間，不意後來竟没了下文。現在敦堂兄有意于此，實在是功德無量。潘先生殁于一九六六年，五十三年過去了，文化界并未將其遺忘。

潘先生是一位值得紀念的大文人。善書，工詩，能文，精于鑒賞……他的用印也充分反映其趣味之高尚，尤其是閑章。聽説很多學人極爲贊賞潘先生的舊體詩，有人甚至把他推爲近代詩壇的祭酒。抄録一首先生的小品，借作拙文的結束：『詩意飄然落我旁，待教提筆却蒼茫。沉沉碧海浮珊島，萬古無言對大荒。』

陳茗屋　二〇一九年十一月廿九日于大阪

潘伯鹰先生与家人

目録

潘伯鷹印

用漢『鷹揚將軍章』文字，仿漢人細朱文。丁丑穀日，福厂并記於春住樓。

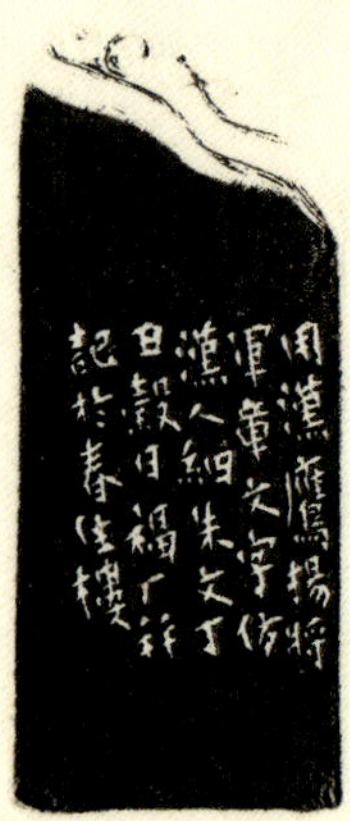

皋工　丁丑三月望，爲皋工先生作，福厂。

鬍潘

丁丑清明，福厂作於春住樓。

忍墨書堂　丁丑寒食節，福厂仿元人印。

伯鷹

福厂仿秦印。

潘伯鷹

皃工先生屬刻，福厂仿漢。

滎陽　福厂。

玄隱　福厂仿元人印。

伯鷹

千里。

伯鷹信鉨

伯鷹仁兄法家屬刻。丁丑初秋，鉨齋李尹桑。

隋經室

伯鷹藏葉遐翁所贈敦皇隋人寫經一卷，方子去疾更贈此石爲刻『隋經室』三字，乞伯鷹吾師教正，醉石記。己丑大寒後三日。

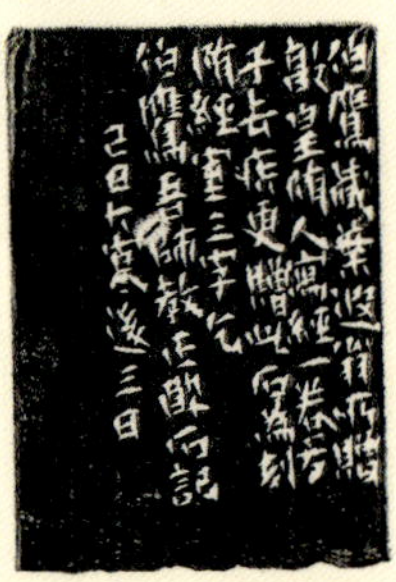

潘君墨緣

醉石爲伯鷹先生作。丁亥大雪。

且今且古

戊子春日，醉石改作。

潘伯鷹印

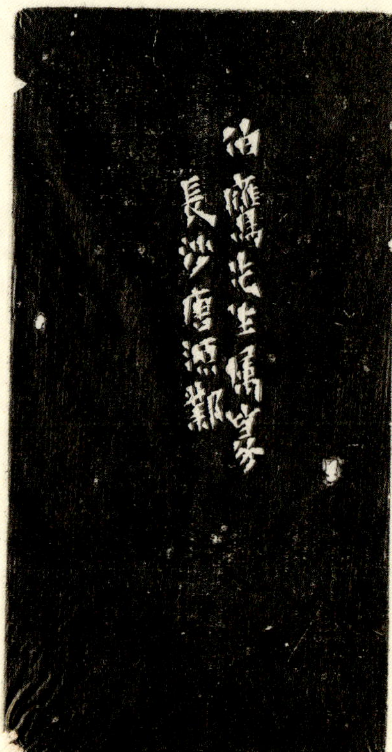

伯鷹先生屬篆，長沙唐源鄴。

豈三聖之敢夢

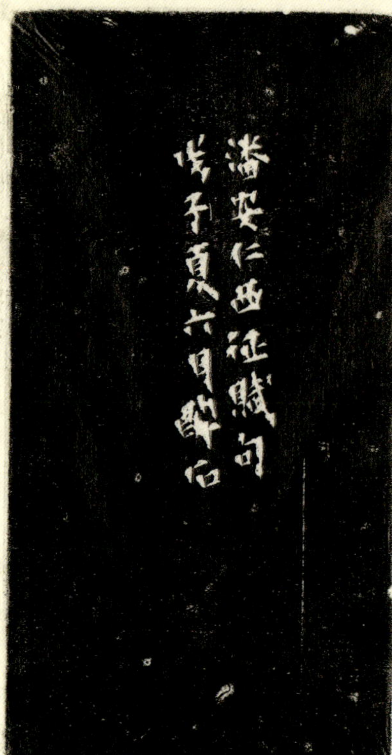

潘安仁《西征賦》句。戊子夏六月，醉石。

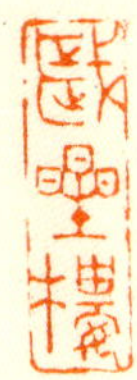

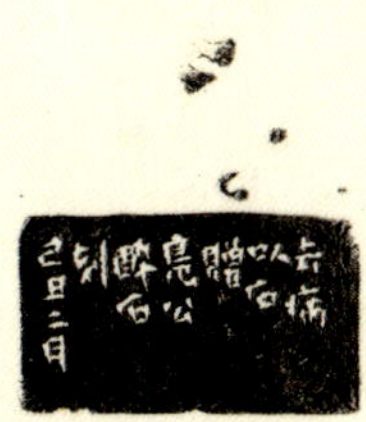

歲星樓

去病以石贈皃公，醉石刻。己丑二月。

墨潘　戊子夏，醉石刻。

懷寧潘氏　醉石。

潘伯鷹印　醉石。

潘伯鷹　醉石。

潘伯鷹印　醉石刻。

潘伯鷹

醉石爲凫工先生作。

潘伯鷹

伯鷹先生正，醉石。

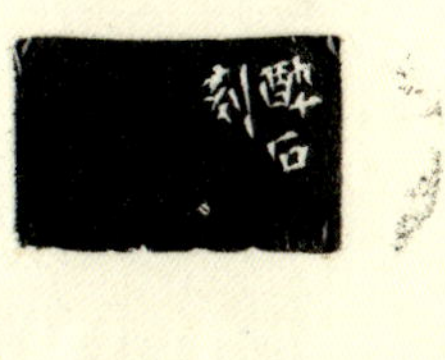

歲星樓　醉石刻。

潘覺公

暂止齋姓名印。丁丑正月，大壯。

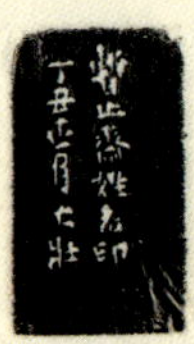

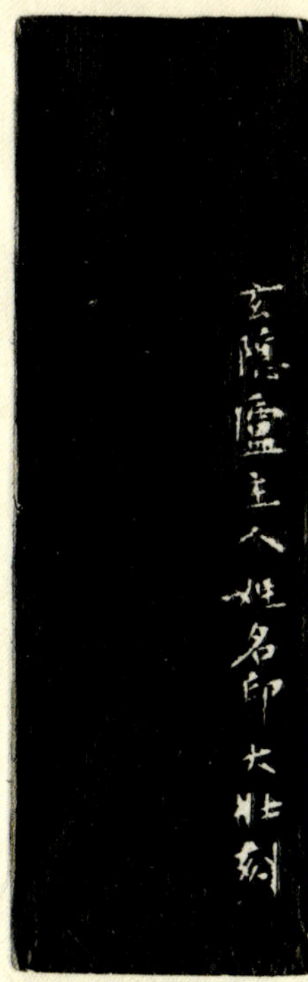

潘伯鷹印

玄隱廬主人姓名印，大壯刻。

玄隱廬

壬午長至，壯殹。

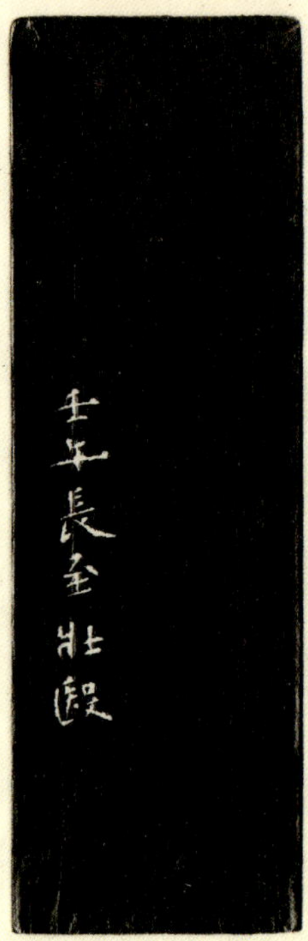

玄隱廬　壯殹。

潘伯鷹　壬午十月，大壯刻呈鳧工詩宗。

忍墨書堂

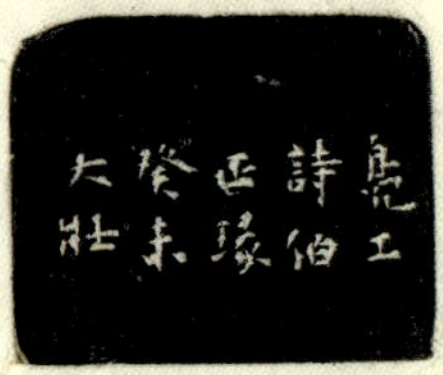

㲋工詩伯正琢。癸未，大壯。

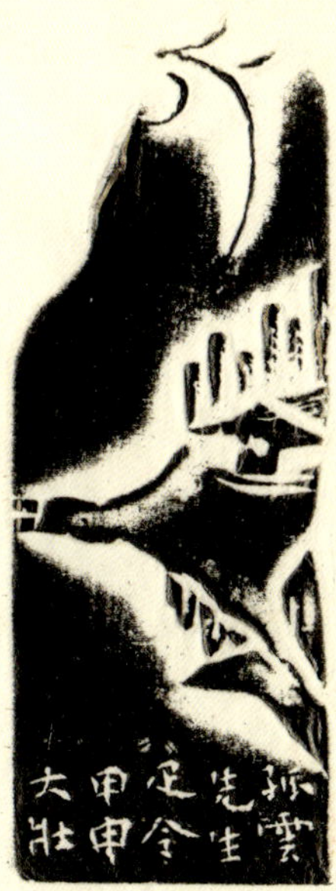

拙亦宜然　孤雲先生疋令，甲申，大壯。

潘伯鷹印

乙酉之秋，玄隱先生將發渝州，大壯爲作姓名印志别。

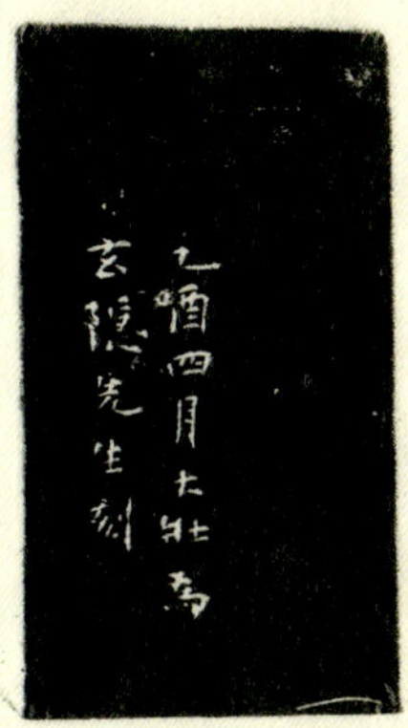

光明海　乙酉四月，大壯爲玄隱先生刻。

忍俊不禁

大壯師殁前一年爲玄隱先生製。越七歲，壬辰十月，維崧補志。

伯鷹題記

凫工先生正之，大壯。

潘君　大壯。

伯鷹

夐工先生名印，大壯。

潘伯鷹印

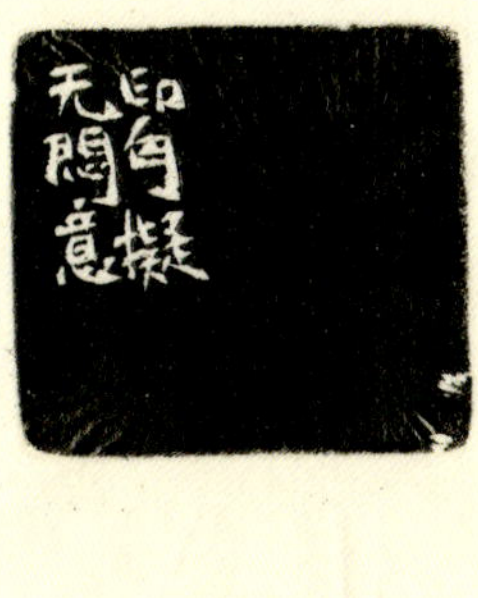

物外真游

印丏擬無悶意。

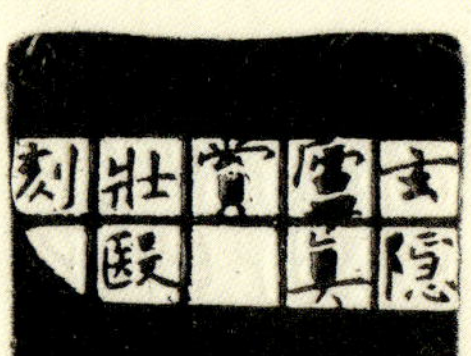

愛晏平仲程嬰與之同名

玄隱廬真賞，壯殹刻。

人間可哀

懷寧　秋江。

潘伯鷹印　己丑，印丐。

雙松堂　印丐。

墨風雨宧　仲坰刻。

潘嬰

孟澥製，甲申十二月。

龍（肖形） 丁丑三月，介堪。

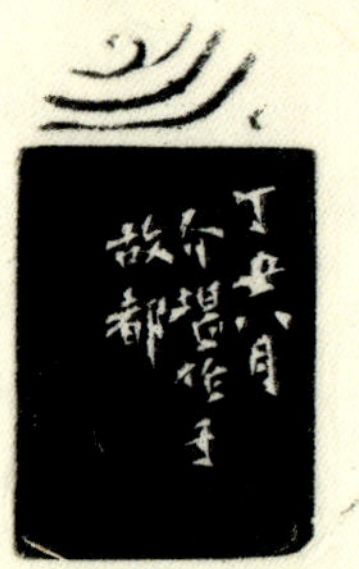

玄隱廬印

丁丑八月，介堪作于故都。

有髮

伯鷹先生指教。一九五四年，介堪方巖。

潘伯鷹　一九六一年十一月，介堪作。

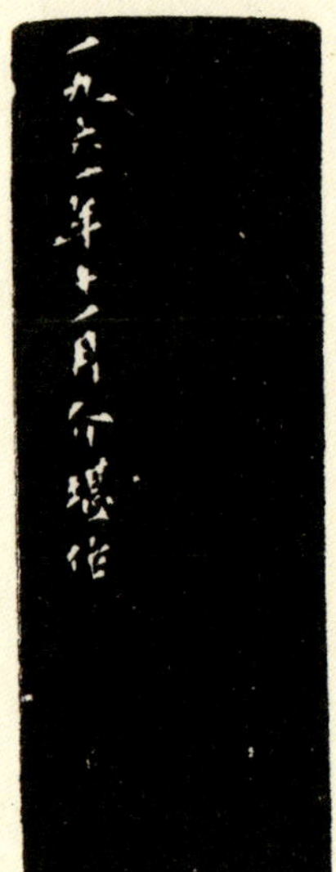

潘嬰私印　方巖。

潘凫私印

凫公先生正之，方巖。

潘凫私印

介堪爲凫公先生作。

夏雲隨風

介堪爲伯鷹兄製。

玄隱廬　孔才治石。

鼂公

孔才治石。

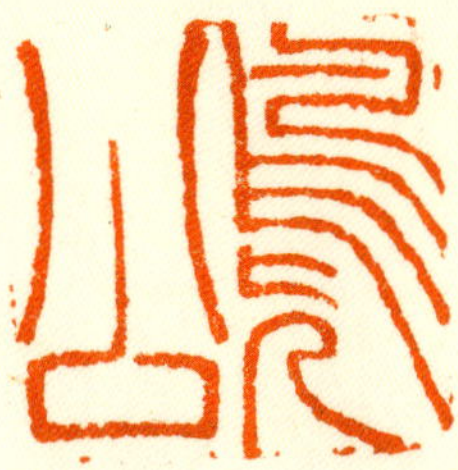

凫公　孔才。

歲星樓

與鷹别十七年。一九四九年，重來解放後之北平爲刻此，孔才記。

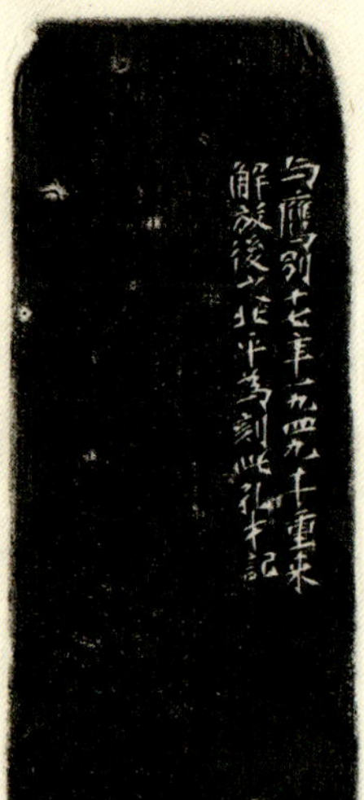

鼂公詞翰　孔才治石。

鬢絲

丁亥四月，巨來作。

潘伯鷹印

伯鷹仁兄方家正之。甲午正月，巨來仿漢鑄印。

伯鷹大利 衡叔。

潘伯鷹印

伯鷹先生方家正刀。庚子七月，登安篆。

翦松洗雪　丁酉人日，去疾。　登安篆。

潘君急就　君匋爲伯鷹兄。辛丑冬日。

如卿所言復佳

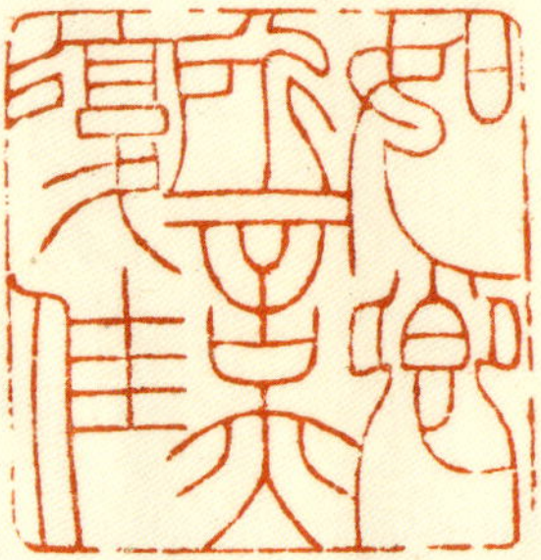

以撝叔法爲伯鷹先生刻司馬德操語，豫堂錢君匋于辛丑春日。

懷寧書印　辛丑夏日，爲伯鷹先生作，錢君匋并記。

潘伯鷹

癸卯元日，君匋。

伯鷹寫記

一九六五年一月，爲伯鷹先生，君匋。

此詩更欲憑君改

東坡句，爲伯鷹兄作，君匋。

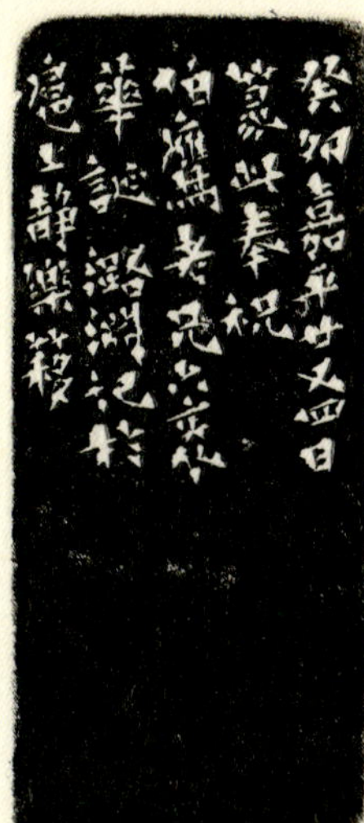

潘伯鷹印

癸卯嘉平廿又四日，篆此奉祝伯鷹老兄六袠華誕，潞淵記於扈上静樂簃。

伯鷹

潞淵刻贈伯鷹老兄文房，癸卯三月十又四日。

墨風雨簃

伯鷹老兄指教。甲辰冬月，潞淵製。

就懦軒

就懦軒主人雅賞。乙巳春旺月，潞淵。

伯鷹 潞淵。

忍墨學人

丁丑春來都，獲交伯鷹先生，昕夕過從，以金石書畫爲樂。先生曾屬余作印，自度無似，未敢率爾操觚。是歲七月，倭寇壓境。八月，敵機襲京。痛國家之多難，感聚散之靡常，不自藏拙，刻此以志嚶鳴之意云。天馬。

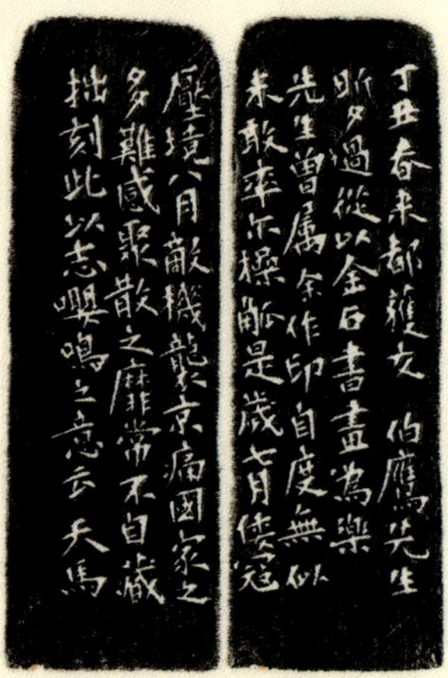

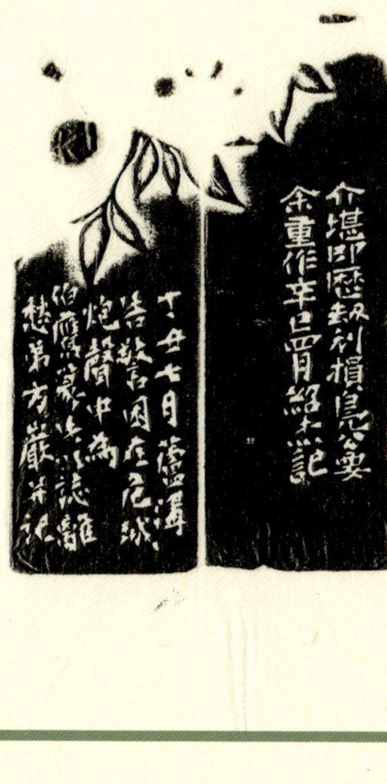

退筆如山未足珍

丁丑七月，蘆溝告警。困在危城，炮聲中爲伯鷹篆此，以志離愁，弟方巖并記。

介堪印歷劫刓損，鳧公要余重作。辛巳四月，紹杰記。

寂娱學人　紹杰。

潘嬰

紹杰先生篆，伯鷹大吟壇命孫枢作。

千秋萬歲　紹杰。

懷寧潘君朱記

紹杰橅宋元官印。

衢尊　紹杰。

潘伯鷹印

菊吾爲伯鷹詩人製。

潘伯鷹

鷹公命製，即正。壬辰閏月，伯建，渝州。

潘君長樂

玄隱先生法教，伯建學。

伯鷹小記

皐公小印，維崧刻贈。

伯鷹長壽

戊寅九月，峻齋。

潘君　己卯六月，畯齋。

美意延年　庚辰春，雨窗治此遣懷，畯齋記。

未還　畯齋取工部懷閒府語，時客巴州。

潘氏藏書

庚辰五月，峻齋。

懷寧潘伯鷹金石年

癸未小除，刻爲玄隱廬主人四十生日，畯齋。

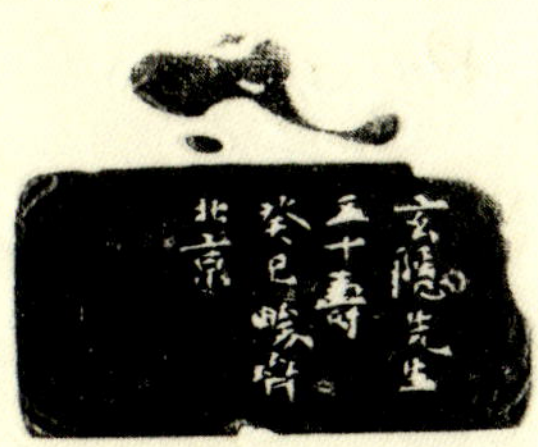

玄隱廬記

玄隱先生五十壽。癸巳，畯齋，北京。

潘嬰印信

己卯冬至，畯齋北溪作。

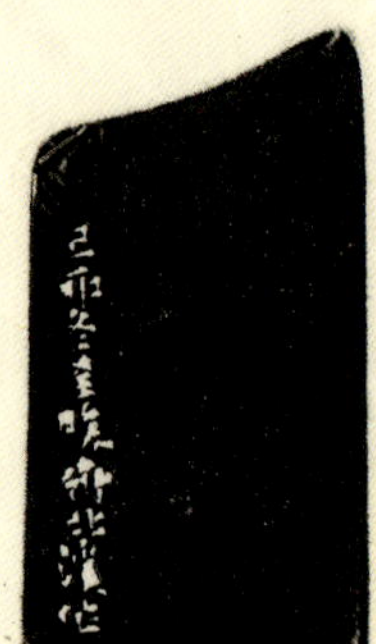

潘伯鷹印　蔣峻。

吹參差兮誰思

吹參差兮誰思　孔才治石。

歡喜

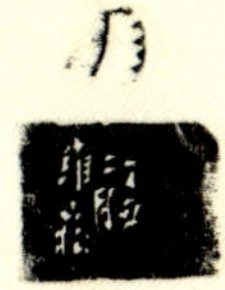

伯鷹審定　丁丑二月，維崧。

忍墨書堂

忍墨書堂　峻齋。

伯鷹無恙　峻齋。

鬢絲　峻齋。

潘伯鷹　維崧。

伯鷹心賞　畯齋。

煮字

玄隱盧讀帖評碑印，峻。

亦與之爲嬰兒　孔才治石。

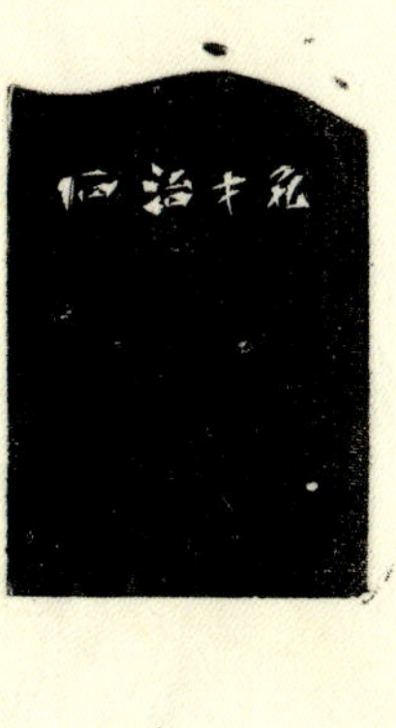

伯鷹手寫　晙齋。

有髮寮　峻齋。

晚宁亭

晙齋。

此身合是詩人未

畯齋。

慚愧　師曾。

懷寧潘氏　維崧。　孔才治石。

衢尊　峻齋。

衢尊

墨者

潘伯鷹　拙效宧

潘嬰

潘伯鷹所見金石書畫　丁丑三月，維崧作。　玨公。

潘嬰　己卯，畯齋。

潘鳧公　峻齋。

伯鷹曾讀

晙齋。

伯鷹耳學　維崧。

若遺

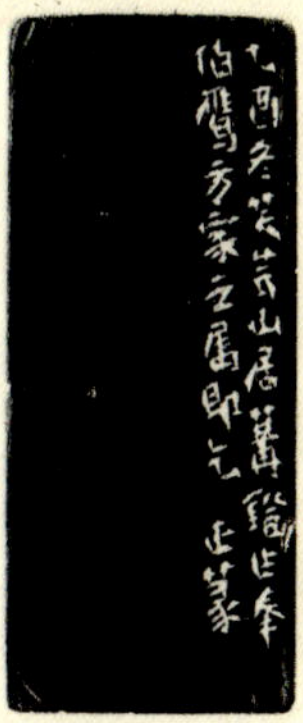

拙效宧稿書

乙酉冬，笑芸山居籌鐙作，奉伯鷹方家之屬，即乞正篆。

鬒絲　伯鷹老友家舊石，寄自滬渚屬刻，鄭重成之。戊子，笑芸。

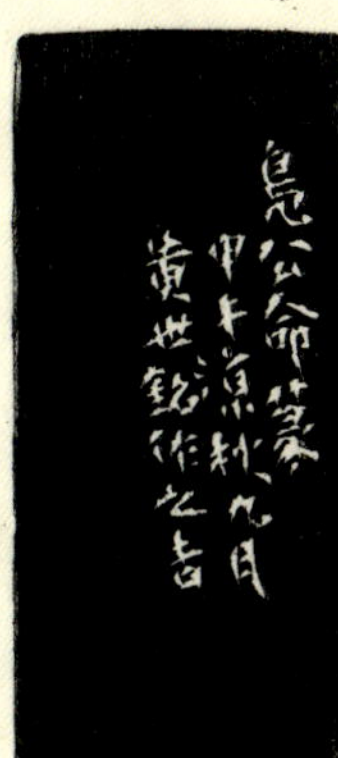

有髮寮印

皂公命篆。甲午涼秋九月，黄世銘作之吉。

潘伯鷹印

皃公詩人文飾，黄世銘刻。

潘君臨本

伯鷹觴咏餘閑尤喜臨池，俾笑芸刻石爲之記。戊子春日。

潘伯鷹印　伯鷹先生屬，式熊刻。

家火凡鉛　庚寅嘉平，式熊刻。

壽如金石佳且好兮

仿黟山人樵漢『長宜子孫』竟文，奉祝伯鷹詩翁五十揆辰。癸巳冬，式熊。

潘

癸巳二月，仿牧父刻贈伯鷹先生，式熊。

懷寧　甲午十二月，刻贈有髮翁，式熊。

潘嬰印信長壽

甲午五月，爲有髮翁仿漢私印，式熊。

有髮翁金石文字

趙無悶作朱文印，喜仿漢竟文字。此作刻意追摹，愧未得似，願有髮翁教之，式熊。

潘嬰　有髮翁

龍（肖形） 潘

就儒軒

此詩更欲憑君改

老去詩名不厭低　式熊。

懷寧潘氏伯鷹三餘所讀之書

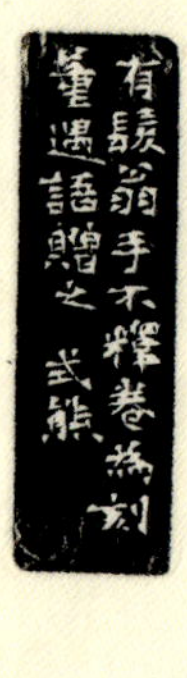

有髮翁手不釋卷，爲刻董遇語贈之，式熊。

潘君　伯鷹道長屬正，去疾。

伯鷹　戊子冬月，去疾仿璽。

潘君　有髮

伯鷹先生道長屬，去疾，甲午九月。

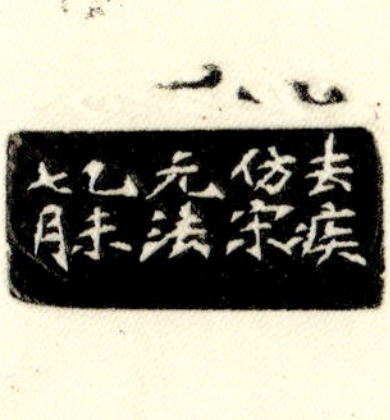

潘伯鷹經籍記

去疾仿宋元法，乙未七月。

家火凡鉛　去疾。

懷寧潘氏　去疾。

潘伯鹰印　去疾。

潘伯鷹唯　去疾作。

伯鷹

去疾擬漢。

有髮　去疾篆。

潘伯鷹

伯鷹先生方家屬正。壬辰八月，樸堂仿漢。

潘伯鷹　歲星樓

仿漢兩面印意。壬辰九月，樸堂。

潘伯鷹印　仿曼生法，樸堂，庚子九月。

潘伯鷹印

伯鷹仁丈鑒教。庚子十二月，吴樸刻。

潘嬰急就

伯鷹仁丈命製。壬寅秋，吴樸。

伯鷹

癸卯十二月，擬曹魏石經意，樸堂。

潘伯鷹印

樸堂摹壯翁作，丙申。

妙喜

伯鷹仁丈正鑿，樸堂擬奚蒙泉。

近代書迹贊真　樸堂。

潘嬰伯鷹　樸堂仿漢。

潘君

壬申秋，沈小莊。

蜷叟

語舲

須髯如戟

凫丈尊誨。丙子，君退。

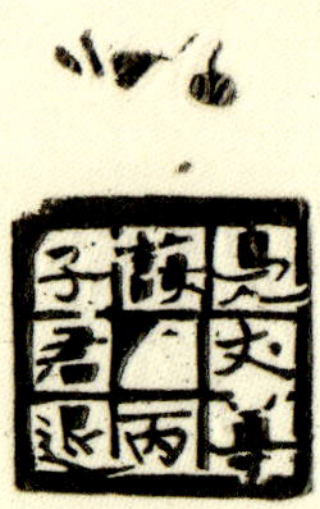

悲慧

潘（押）

水龍

鐵兔八月爲蒙公製，會成。

玄隱廬

後記

潘伯鷹，現代書法家、詩人、小説家。生于一九〇五年一月二十九日（農曆甲辰十二月二十四日）。原名式、嬰，字伯鷹，後以字行，號鳧公、有髮翁，别署孤雲。安徽懷寧人，久寓上海。

潘先生出生于清末官僚知識分子家庭，自幼聰慧，穎雋卓躒，年幼時曾受業于經史名儒吴闓生，奠定了扎實的舊學根基。大學畢業後曾游學日本，歸國後即私淑著名學者、詩人章士釗先生，二人時相詩文唱和，傳爲文壇佳話。

潘先生曾在上海市文物管理委員會與鑒定名家謝稚柳共事。因得陳毅賞擢，在上海市政府任參事，與學者書家沈尹默等共同籌創上海中國書法篆刻研究會。潘伯鷹比沈尹默小十六歲，但二人交情甚篤，書法也是一路的，都宗『二王』。沈尹默以爲，褚遂良是唐代一位推陳出新、承上啓下的書家，所以在褚字上下過很深的功夫。有趣的是，潘伯鷹後來也專攻褚字，而他的褚字，寫得較沈尹默更爲灑脱，勁健處也在沈尹默之上。

北宋詩人蘇舜欽就説：『筆硯精良，人生一樂。』潘伯鷹先生對文房也是至爲考究，特别是箋紙，有乾隆年仿金粟山藏經紙、清朝五色雲龍箋、故宫玉牒紙背、高麗紙等，而多用自印的『玄隱廬』『飲河社』紋紙，箋譜圖案往往與所書詩文内容相映對。潘公好賦禪詩，其供奉的佛像圖案是榮寶齋前身『松竹齋』所製。至于所用印章，篆者皆一時之選，如王福庵、唐醉石、李尹桑、壽石工、陳巨來、方介堪、高式熊等，其中喬大壯、蔣維崧所刻尤多且精。

一九四〇年下半年某月，章士釗、沈尹默、江庸、潘伯鷹、許伯健等共同發起創辦『飲河詩社』，社名取自莊子『鼹鼠飲河，不過滿腹』之句。社長章士釗，主編潘伯鷹，實際主事者是潘先生，在當時的《中央日報》《掃蕩報》《益世報》《時事新報》《世界日報》的專欄刊出，總共有一百多期、數百首，以此爲陣地，團結了一大批文士名家。飲河社生于戰時，眼見前綫同胞浴血奮戰的身影，自己也時常受日軍轟炸的侵擾。社員們一邊躲避炮火、四處輾轉尋找作詩會友的地方，一邊以筆爲槍，抒發胸臆，爲抗戰鼓勁、爲國民高呼。在相處中，社友們從欣賞彼此才華漸漸升華成爲生死之友、莫逆之交。

潘伯鷹用印的作者大多也是在這個時候認識的，這本印譜算是他們友情的見證。其中使用最頻繁的是喬大壯所刻之印，喬大壯殁後，蔣維崧爲潘先生治印最多，達四十餘枚。潘伯鷹爲蔣維崧的書齋取名并題寫『歸網室』，還介紹蔣維崧爲章士釗治印。潘伯鷹的《論印絶句》中還記載了對蔣維崧篆刻的寶貴見解：『塵積棺和日脚西，窗前碧草再萋萋。至今小印留殘稿，翠墨痕昏譯象鞮。』足見潘伯鷹對蔣維崧這位後學的關心和呵護。

潘伯鷹先生生前便計劃將其用印拓制成譜，惜病故未果。後錢君匋先生倩符驥良耗時半載鈐拓完成，共收録一百七十五枚圖章，也是在此期間，茗屋老師有機會拓存一部，也就是我們今天所見到這部《玄隱廬録印》。

符驥良先生共拓四部，其中張荷君女士的藏本轉贈給周穎南，後由周先生于一九八二年交由新加坡風雲出版社出版。周先生的跋有一些錯漏之處，如『方去疾』釋成『方弃疾』、『峻齋』釋成『峻壘』、『周菊吾』釋成『周匊吾』，『李桑尹』應爲『李尹桑』；『蔣峻』和『維崧』分别是蔣維崧的原名和字，竟分作二人對待，『峻齋』則是他的號。又如『吹參差兮誰思』有兩枚，均是蔣維崧所鎸，亦見于蔣維崧的印譜，其中一方邊款爲『孔才治石』，明顯是賀孔才的印被磨去後，蔣維崧更作，而蔣先生所鎸圖章，或無款或窮款，使周先生誤以爲是賀孔才所作。再如，詳列名單中『孔才』應爲『賀孔才』、『笑芸』應爲『黄笑芸』、『伯健』應爲『許伯健』等。雖然有一些小瑕疵，而瑕不掩瑜。周先生是新加坡同樂飲食業集團、海洋紡織有限公司董事，著名企業家，在商界碩果累累，經商之餘，不遺餘力整理出版潘先生的遺印和遺作（《玄隱廬詩》），已然是功不可没，令人欽佩。

一九八二初版的《玄隱廬録印》據説祇印了二三百部，流傳極少，肆中偶見售賣，索價甚昂，不利愛好者收藏、學習和研究，因此有了重印此譜的打算。我們對潘先生并不算了解，搜索到了谷卿兄于二〇一二年在博客發表的《潘伯鷹研究資料索引》，才略知一二。

因在整理過程中發現以上諸多問題，故決定重新編輯排序：印譜中所録圖章的作者，除不可考外，共二十五人，全譜以作者歲齒爲序。不可考者八枚，重新排序後的列表附于文末。除本譜中所録一百七十三枚圖章，我們還在潘先生的書畫作品、尺牘、藏品以及圖章作者的印譜中發現了一些失收的，此次一并補録于文末，以供參考（因書畫、尺牘、藏品等部分尺寸未能確定，圖章可能亦非原大，以*標注，個別圖片亦非高清）。

二〇〇七年西泠印社的春秋二季拍賣會，拍出六十四枚潘伯鷹先生的自用印，其中的幾枚又曾出現在其他拍賣會中。編者對此深感聚散無常，這些印鑒真不知何年何月能再相會了。

茗屋老師的序言是二〇一九年年末寫成的，未幾新冠肺炎疫起，編輯校對工作拖延至今，終于完成，今將付梓，始稍有所慰。此譜編輯過程中，得到了谷卿先生、田振宇先生、陳超先生、蔡祥祥先生、陳博洋先生、趙紹華先生等諸位師友的幫助，在此一一致謝。

二〇二一年臘八節　編者謹識

索引

愛晏平仲程嬰與之同名 四一
人間可哀 四二

何秋江 一枚
懷寧 四三

壽石工 二枚
潘伯鷹印 四四
雙松堂 四五

吳仲坰 一枚
墨風雨宧 四六

沙孟海 一枚
潘嬰 四七

方介堪 八枚
龍（肖形） 四八
玄隱廬印 四九
有髮 五〇
潘伯鷹 五一
潘嬰私印 五二
潘嵒私印 五三
潘嵒私印 五四
夏雲隨風 五五

賀孔才 五枚
玄隱廬 五六
嵒公 五七
嵒公 五八
歲星樓 五九
嵒公詞翰 六〇

陳巨來 二枚
鬢絲 六一
潘伯鷹印 六二

酈承銓 一枚
伯鷹大利 六三

韓登安 二枚
潘伯鷹印 六四
翦松洗雪 六五

錢君匋 六枚
潘君急就 六六
如卿所言復佳 六七
懷寧書印 六八
潘伯鷹 六九

伯鷹寫記 七〇

此詩更欲憑君改 七一

葉潞淵 五枚

潘伯鷹印 七二

伯鷹 七三

墨風雨簃 七四

就懦軒 七五

伯　鷹 七六

李天馬 一枚

忍墨學人 七七

曾紹傑 六枚

退筆如山未足珍 七八

寂娛學人 七九

潘嬰 八〇

千秋萬歲 八一

懷寧潘君朱記 八二

衢尊 八三

周菊吾 一枚

潘伯鷹印 八四

許伯建 二枚

潘伯鷹 八五

潘君長樂 八五

蔣維崧 三十九枚

伯鷹小記 八六

伯鷹長壽 八七

潘君 八八

美意延年 八九

未還 八九

潘氏藏書 九〇

懷寧潘伯鷹金石年 九一

玄隱廬記 九二

潘嬰印信 九三

潘伯鷹印 九四

吹參差兮誰思 九五

吹參差兮誰思 九六

歡喜 九七

伯鷹審定 九八

忍墨書堂 九九

忍墨書堂 一〇〇

伯鷹無恙 一〇一

鬢絲 一〇二

潘伯鷹 一〇三

伯鷹心賞 一〇四
煮字 一〇五
亦與之爲嬰兒 一〇六
伯鷹手寫 一〇七
有髮寮 一〇八
晚宁亭 一〇九
此身合是詩人未 一一〇
慚愧 一一一
懷寧潘氏 一一二
衢尊 一一三
衢尊 一一四
墨者 一一五
潘伯鷹 一一六
潘嬰 一一七
潘伯鷹所見金石書畫 一一八
潘嬰 一一九

潘鳧公 一二〇
伯鷹曾讀 一二一
伯鷹耳學 一二二
若遺 一二三

黃笑芸 五枚

拙效宧稿書 一二四
鬢絲 一二五
有髮寮印 一二六
潘伯鷹印 一二七
潘君臨本 一二八

高式熊 十五枚

潘伯鷹印 一二九
家火凡鉛 一二九
壽如金石佳且好兮 一三〇

潘 一三一
懷寧 一三二
潘嬰印信長壽 一三三
有髮翁金石文字 一三三
潘嬰 一三四
龍（肖形） 潘 一三五
就儒軒 一三六
此詩更欲憑君改 一三七
老去詩名不厭低 一三八
懷寧潘氏伯鷹
三餘所讀之書 一三九

方去疾 十一枚

伯鷹 一四〇
潘君 一四〇
潘君 有髮 一四一

潘伯鷹經籍記 一四二
家火凡鉛 一四三
懷寧潘氏 一四四
潘伯鷹印 一四五
潘伯鷹唯 一四六
伯鷹 一四七
有髮 一四八

吴樸堂 十枚

潘伯鷹 一四九
潘伯鷹 一五〇
潘伯鷹印 一五一
潘伯鷹印 一五二
潘嬰急就 一五三
伯鷹 一五四
潘伯鷹印 一五五
妙喜 一五六
近代書迹贊真 一五七
潘嬰伯鷹 一五八

不可考者 八枚

潘君 一五九
蜷叟 語舲 一六〇
須髯如戟 一六一
悲慧 一六二
潘（押） 一六三
水龍 一六四
玄隱廬 一六五

附録

鷹公（蔣維崧）

鷹揚其體鳳嘆虎視（蔣維崧）

此身合是詩人未（蔣維崧）

潘伯鷹印（蔣維崧）

歡喜（蔣維崧）

一寸狂心未説（蔣維崧）

潘君急就（蔣維崧）

物外真游
（喬大壯篆 孫仲文刻）

*鬢絲（佚名）

*凫工（佚名）

*潘伯鷹印章（佚名）

*老實頭（佚名）

*潘嬰金石（佚名）

潘氏書印（方去疾）

伯鷹小詩（方去疾）

潘伯鷹（方去疾）

潘伯鷹（方去疾）

潘伯鷹印（方去疾）

*伯鷹私印（佚名）

*潘皃公（佚名）

*潘皃五十萬（佚名）

*潘伯鷹（佚名）

潘伯鷹（黃笑芸）

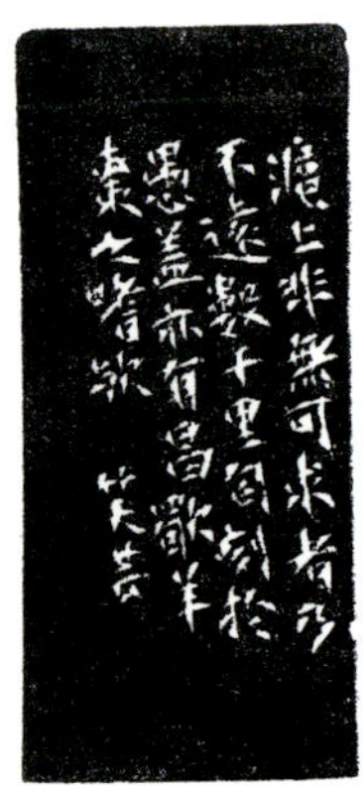

老去詩名不厭低（許伯建）

*伯鷹翰墨（喬大壯）

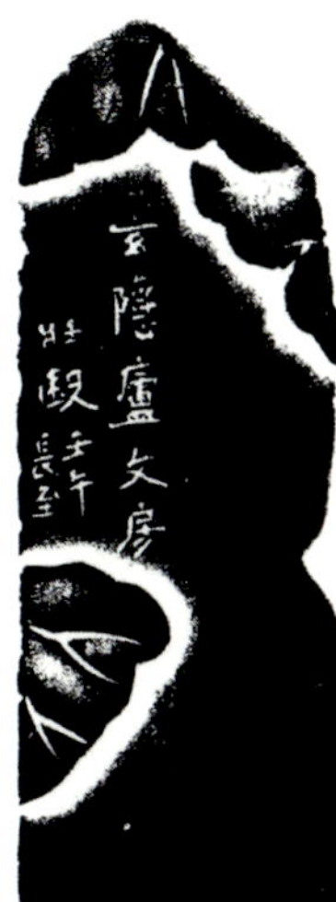

潘伯鷹印（陳巨來）　正文中收録是印磨損嚴重，故補充完整印蛻。

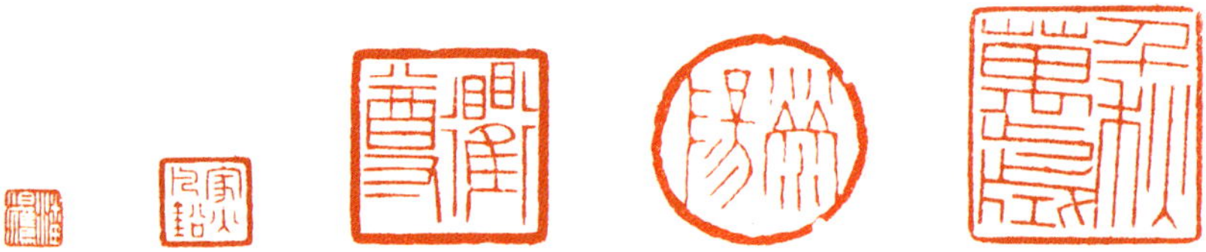

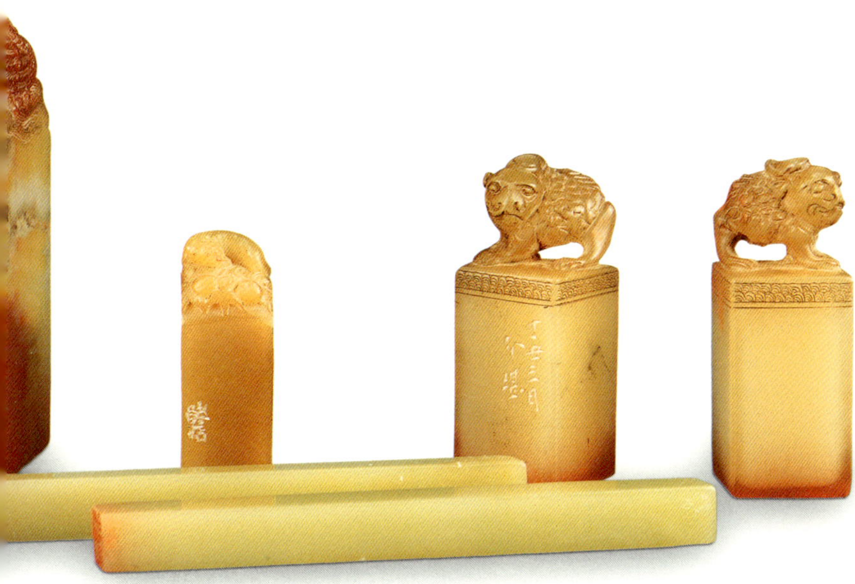

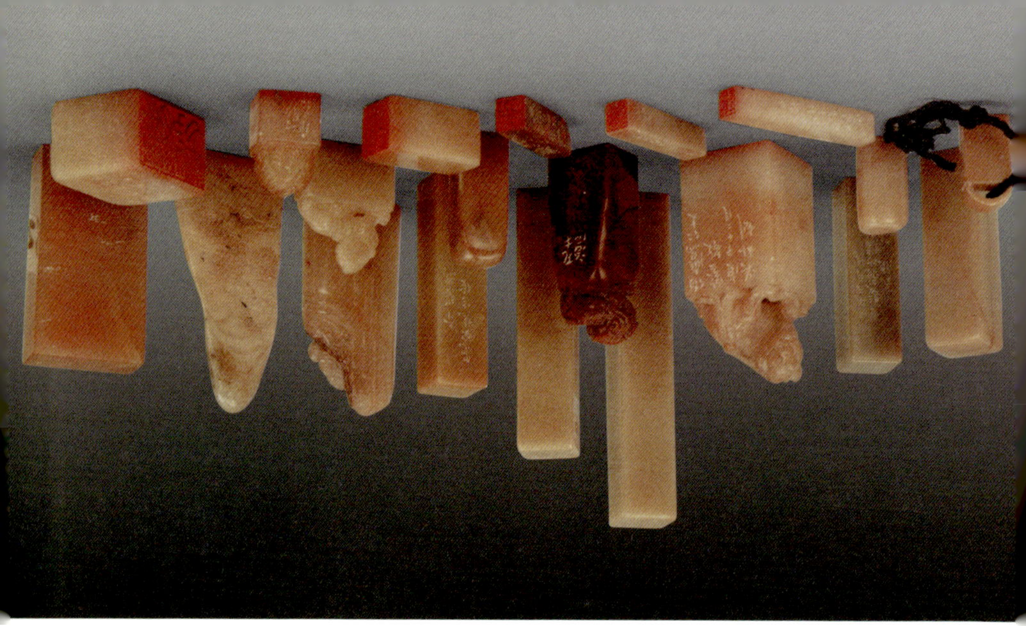

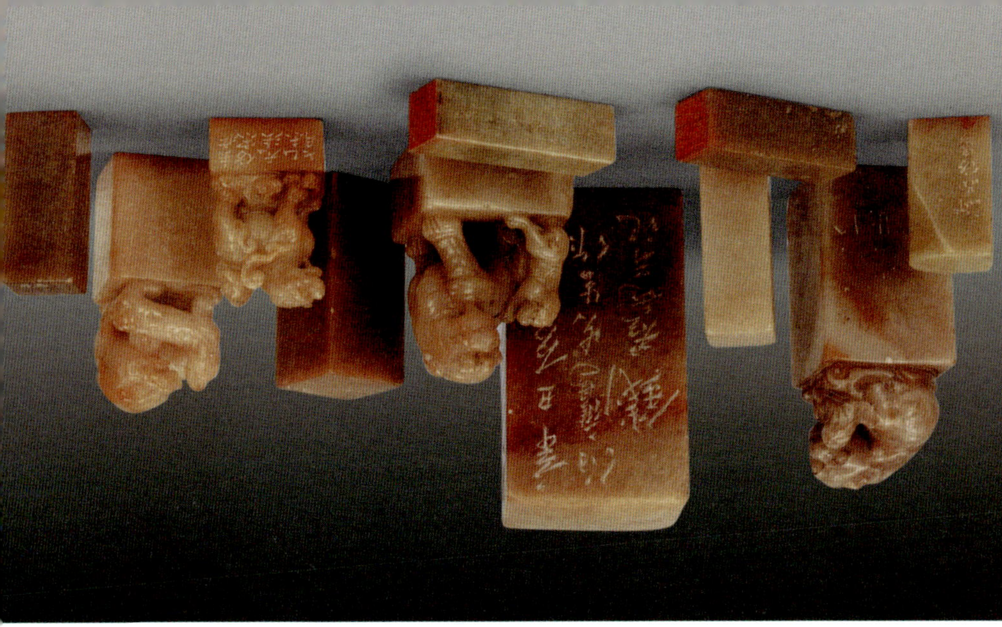

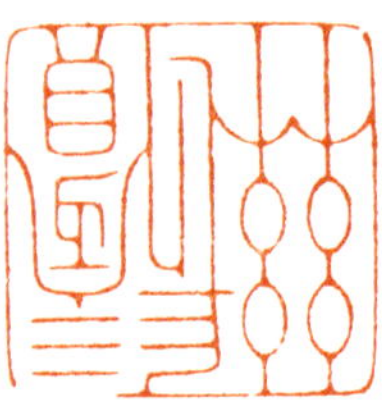

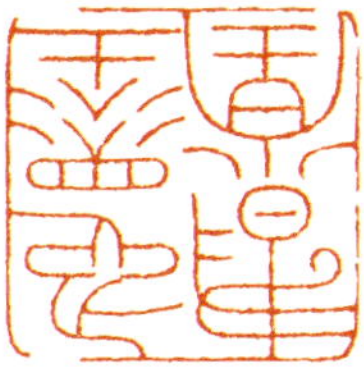

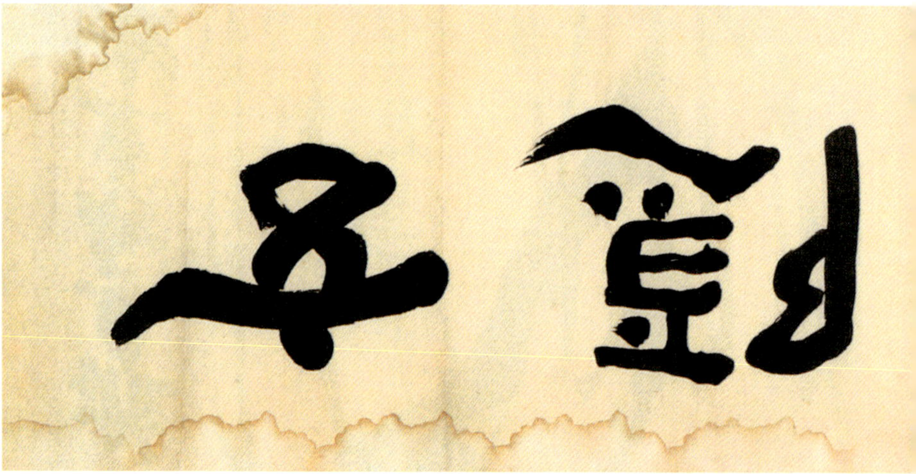

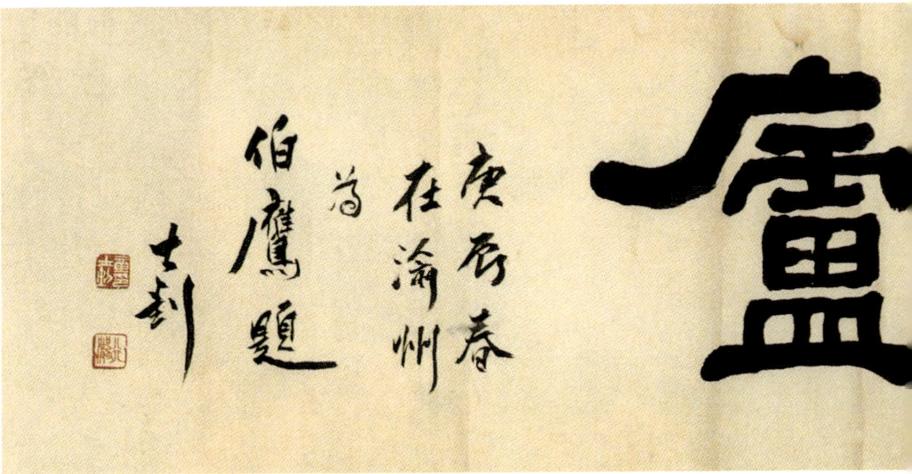
廬
庚辰春在渝州
爲
伯鷹題
士釗

自疑前世陶貞白
伯考宗兄以此舊楷屬書
獨憶平生盛孝章
戊子九秋 伯鷹並記

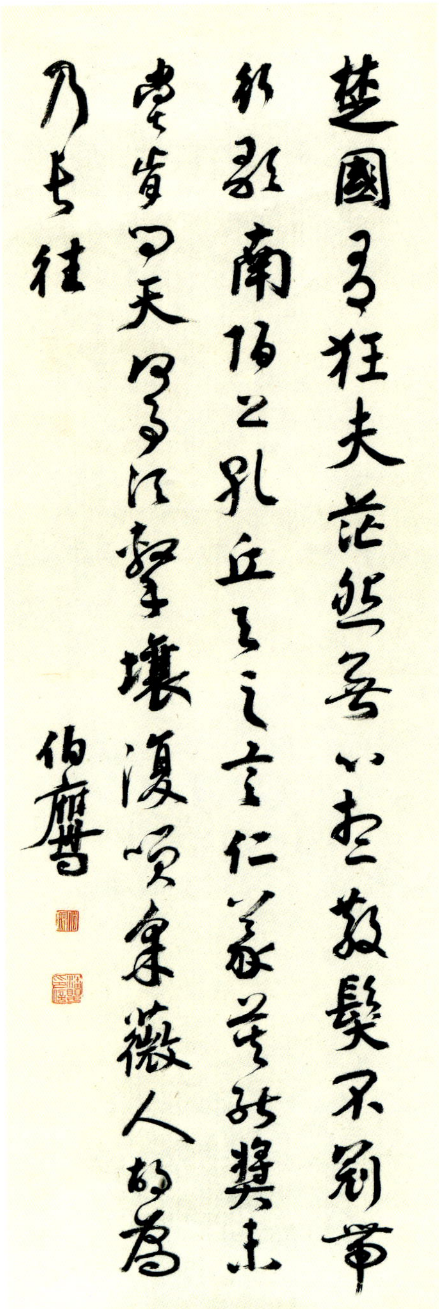
楚國有狂夫茫然無心想散髮不冠帶
行歌南陌上孔丘逐之言仁義莫能獎未
嘗肯見天子況復擊壤復與象徽人為
乃長往
伯庸書

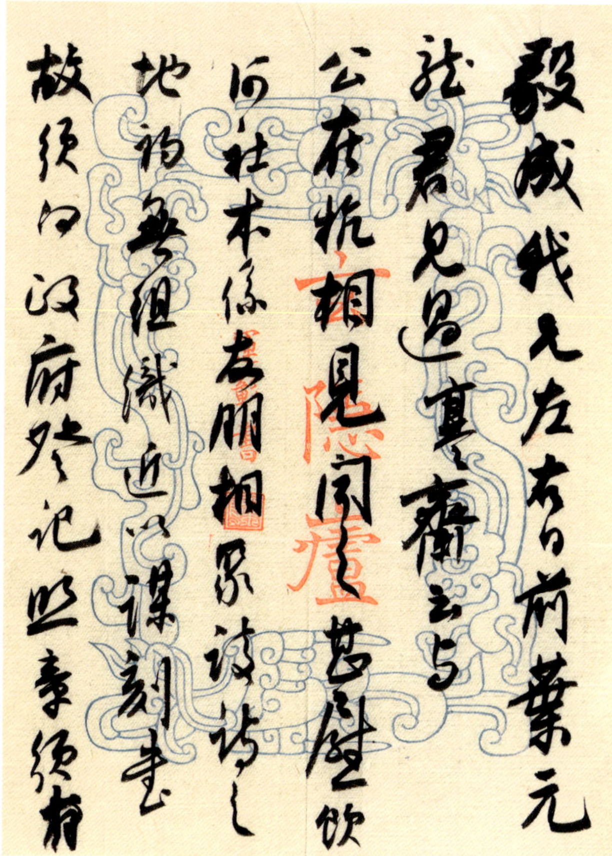

毅成我兄左右：前葉元
龍君兄過真齋，云與
公在杭相見，聞之甚慰(?)。
南社本係老朋相聚談詩之
地，而無組織，近以謀刻書(?)，
故須向政府登記，照章須有

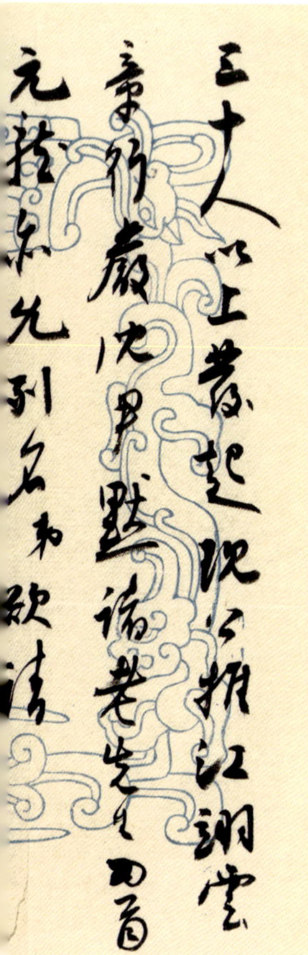

三十人以上發起，現以杭江湖(?)
章行嚴、沈尹默諸老先生四(?)
元龍兄未列名，而欲請

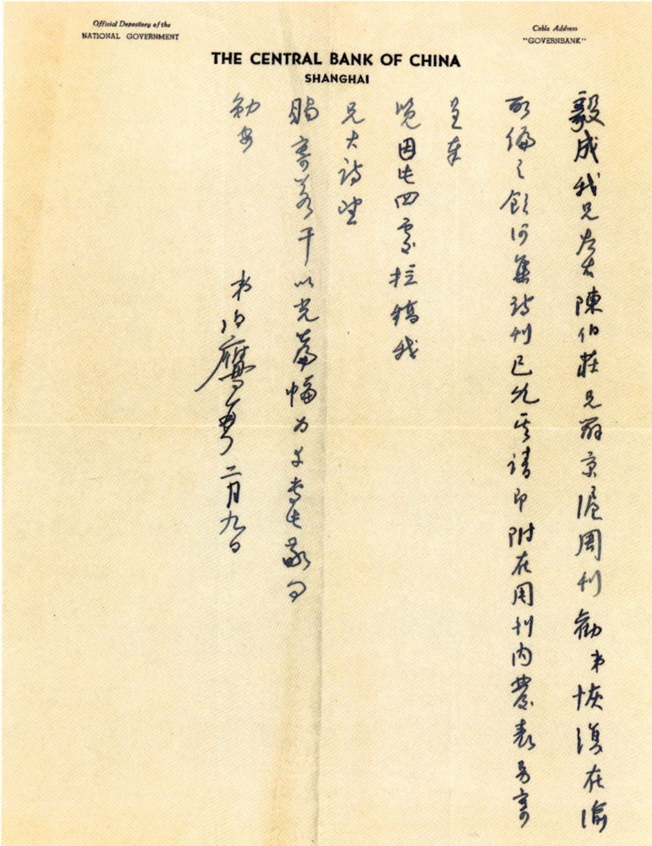

Official Depository of the
NATIONAL GOVERNMENT

Cable Address
"GOVERNBANK"

THE CENTRAL BANK OF CHINA
SHANGHAI

毅成我兄左右：陳伯莊兄爲京滬周刊囑弟挨集在滬所編之飲河集詩刊，已允要請印附在周刊內發表，易寄
呈左
覽，因先四處拉請我
兄大詩望
賜寄若干，以光篇幅，爲之先感。
勛安
弟伯鷹上 二月九日

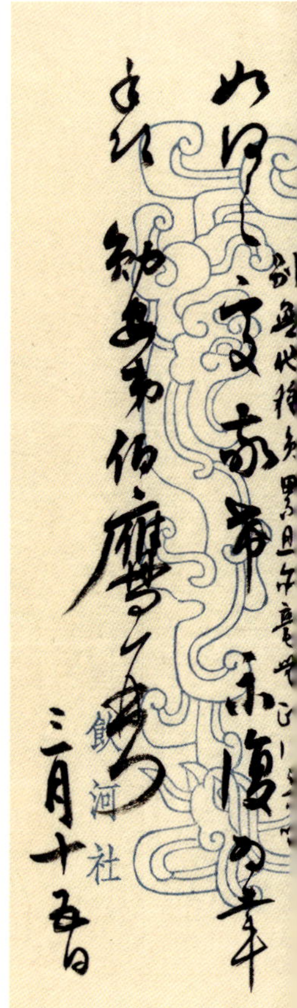

此即是……來復，即頌
勛安
弟伯鷹上
三月十五日

飲河社

玄隱廬詩

玄隱廬詩
玄隱廬詩
玄隱廬詩目錄

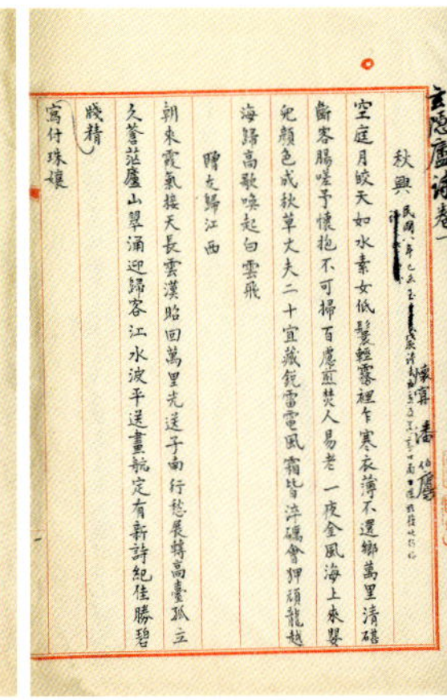

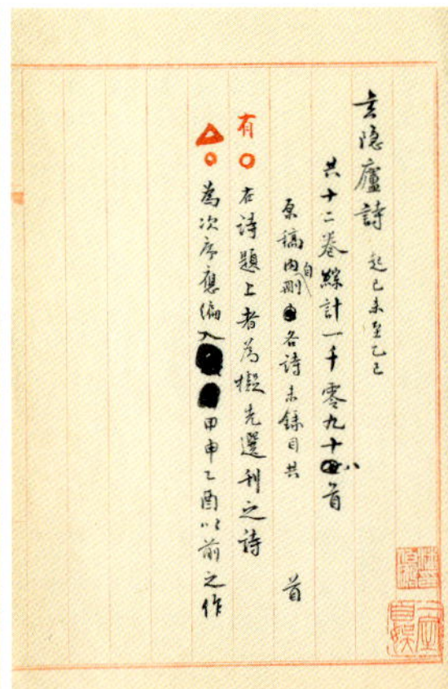

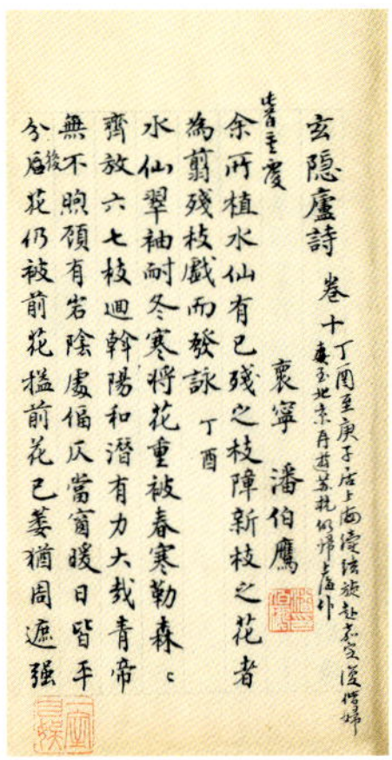

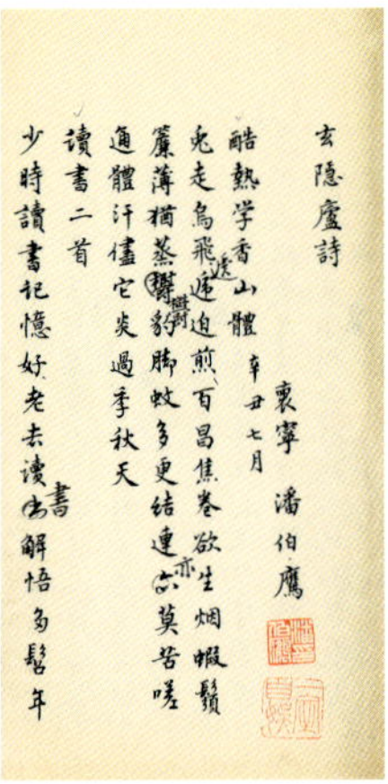

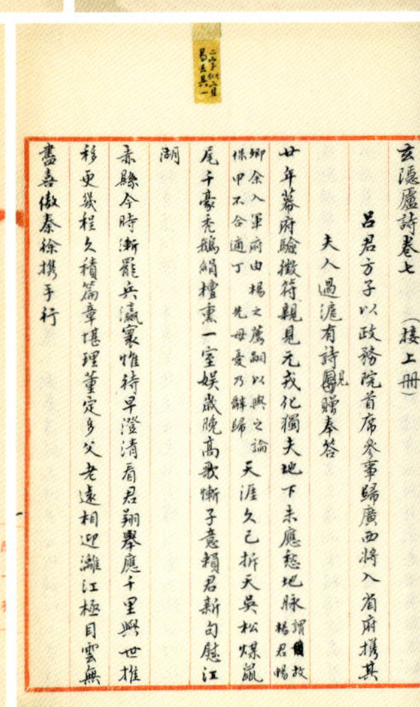

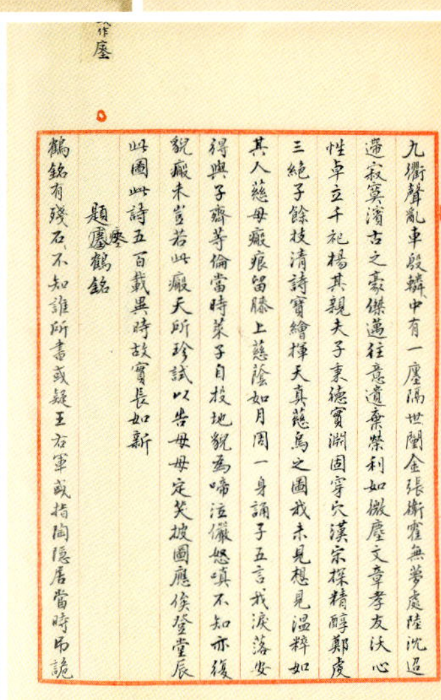

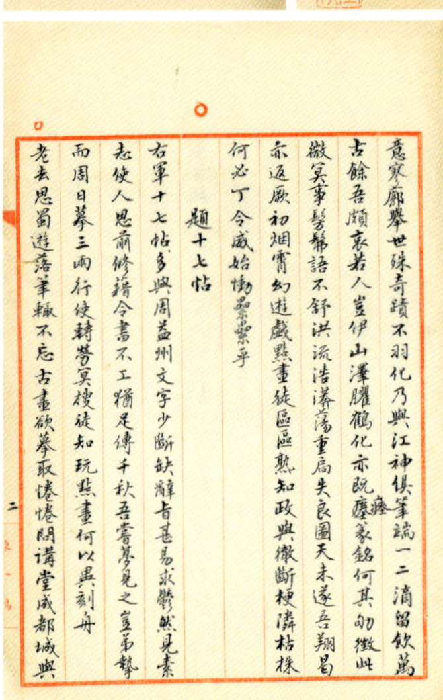

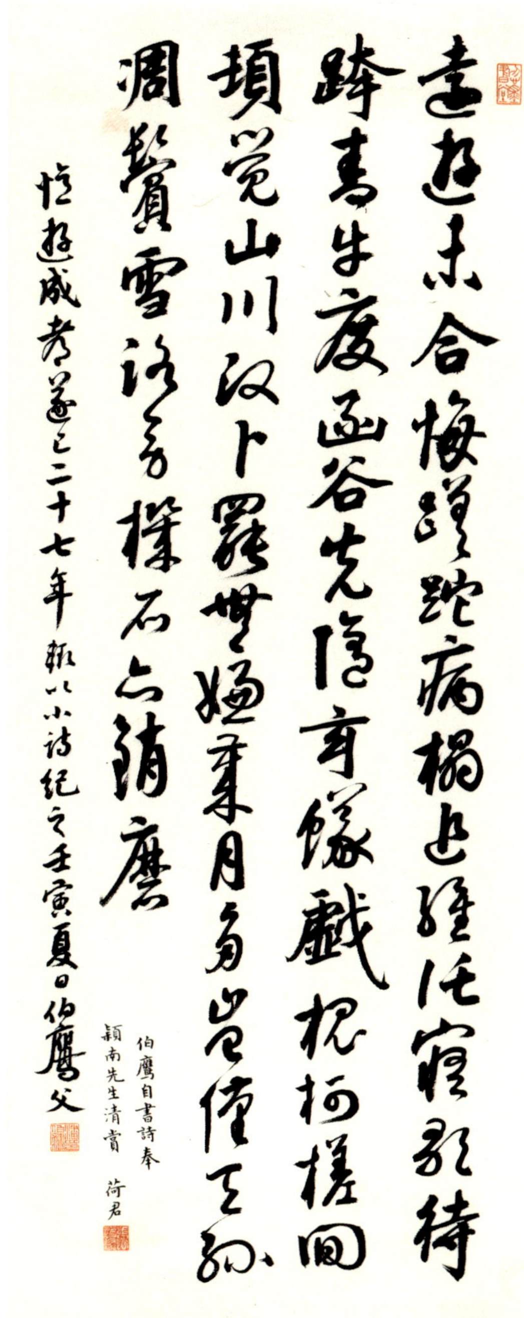
伯鷹自書詩奉
穎南先生清賞
荷君

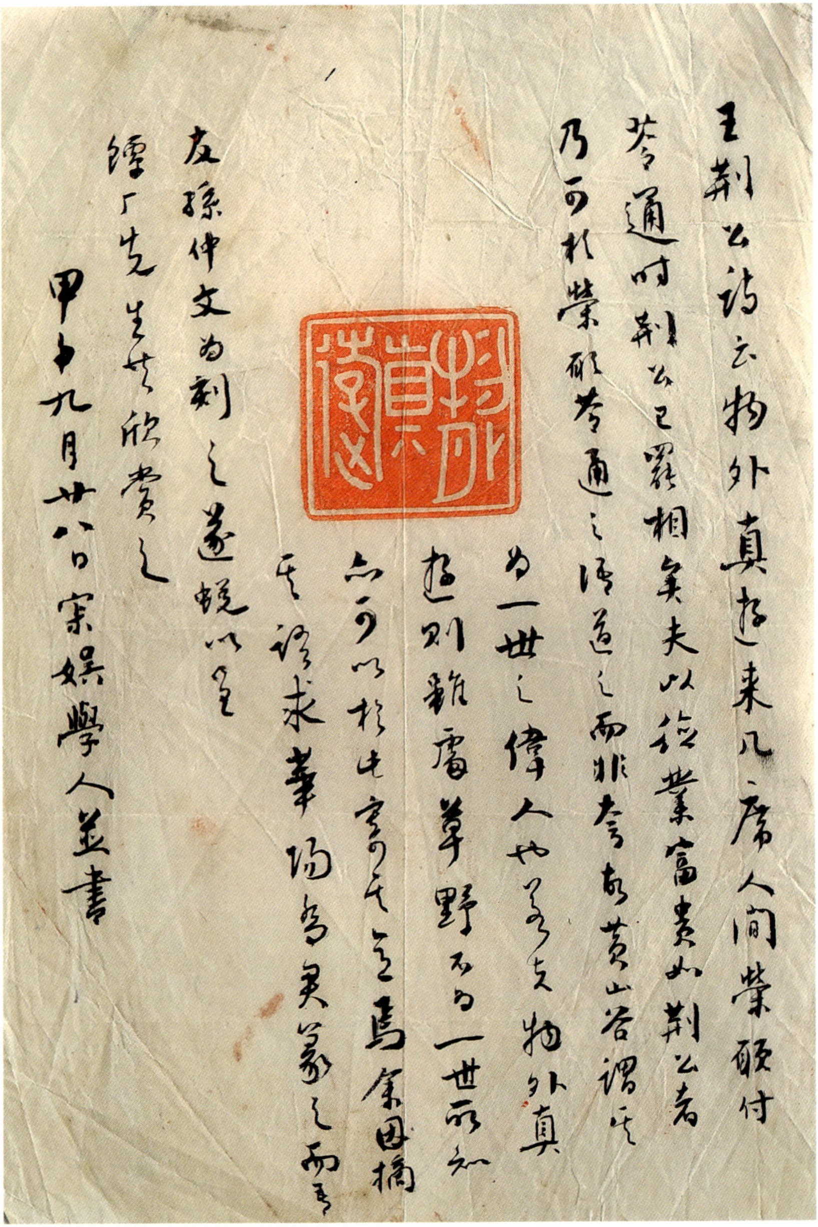

王荊公詩云：物外真遊來几席，人間榮願付苓通。時荊公已罷相矣。夫以位業富貴如荊公者，乃可於榮願苓通之語道之，而非若黃山谷謂之為一世之偉人也。若云物外真遊，則難齊華野，不為一世所知，亦可以於此窺見之焉。余因摘其語，求華陽吳篆之，而吾友孫仲文為刻之，並鏡以呈繆厂先生共欣賞之。

甲申九月廿八日宗娱學人並書

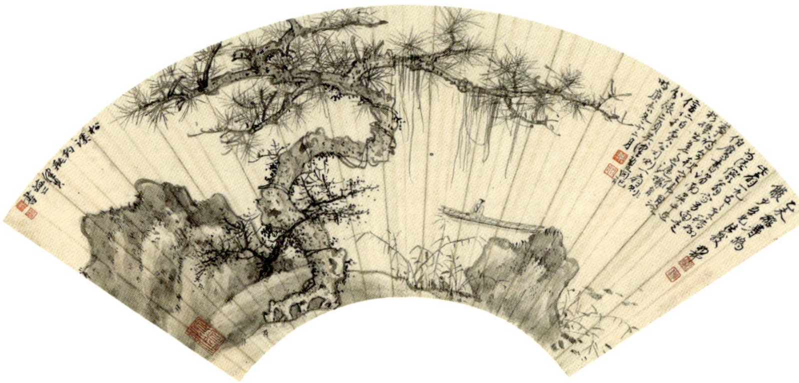

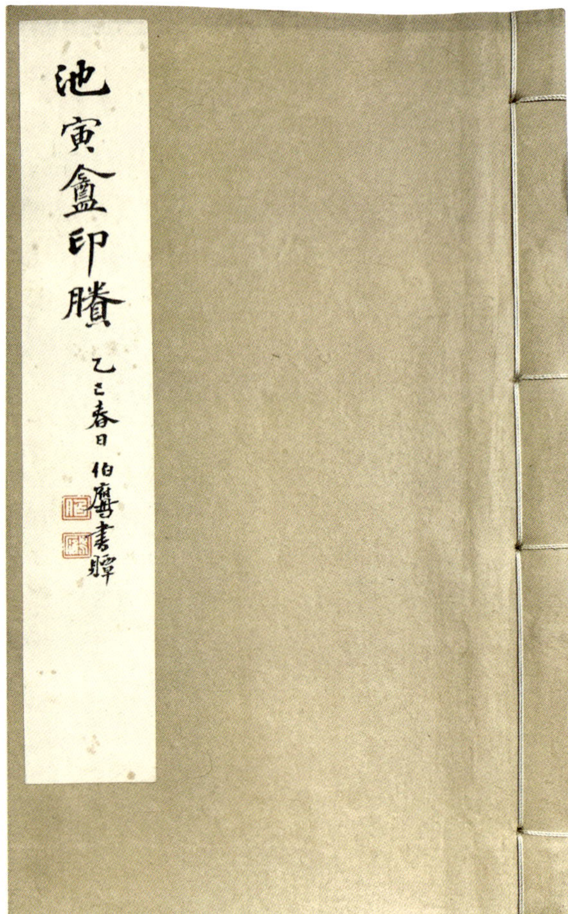
池寅盦印賸
乙巳春日 伯鷹書暲

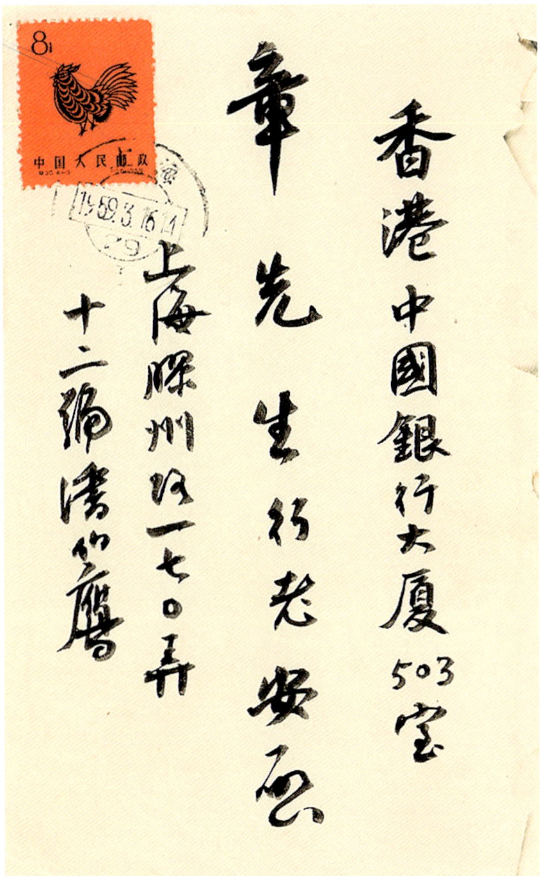
8分
中国人民邮政
1959.3.16
香港中國銀行大厦503室
章先生行老安启

行裝甫卸大人福座遷回天佐兄去欣喜
並讀悉為健壬處之壁事不已姪自二月廿日赴東京社
會主義學院上課每二周可返家一次由校飲食有節起
居有時體重增加兩磅業於學為農圖此乎當思之而
不得者今乃實現尤為喜躍雖難嬌兒已慣當未十分熟
習然兩月之後自信必能堪之矣大約陽曆七月便可
結業矣此間學子大家共五十許人中有徐國懋君自之

公立專是翻干將國如同重返今只有來然指十九左
徒既如少年也在天佐去中和
六四月間尚不能北歸想七月結業時
大弟或當面程先生
能在上海小住也今日返家匆匆瞬歸湖晚念生南天敬叩
旅福不盡區區　三月十四日姪仰曆上
叔夫人安好不另

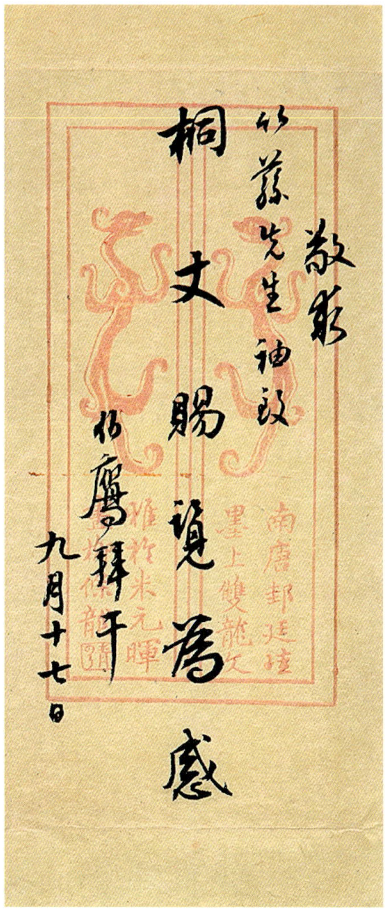

敬求
竹蘇先生袖致
桐丈賜覽爲感
伯膺拜干
九月十七日

王老知以寶瑞臣所書元遺山杏花詩軸見貽次其韻報謝

殘香根枯不再肥，墨池香雨濕猶飛。天興宣統空悲逝，箇鄉眉山究轉歸。詩句久哦心暗遠，筆蹤諦視意無違。一痕猶認夢相依，聊為人間洗昨非。

附鈔遺山詩

杏花落後分韻得歸字

獨髓終憐病頰肥，蜜脾無那片紅飛。殘陽淡淡不肯下，流水溶溶何當歸。煮酒青林寒食近，明妝高燭賞心違。[illegible]寫生正有徐熙在，漢苑招魂果是非。

公老左右：此稿寄候拈正。又前晤時從行文一笑，亦妙妙。甲午清亡於瑞臣之儀之宣統年號皆三年也，且清於未入關時自號大金國，故瑞臣以清之宗室大臣於此詩特有深感，亦因其所處為四百年前事[illegible]。遺山集中詠杏花詩甚多，皆悲涼之作，而此詩則作於乙未年，正哀宗自縊國亡之次年也。故史載亡金者云殘陽流水之感，漢苑招魂皆自悲猶桃聯矣，瑞臣之獨書此詩豈無意乎？此軸書於丁卯年，距今恰四十載，當時吳公瑞老火傾化，書畫文物力王盛之，際其冊留出入殺亦以為蘇，且以之間又復為我公所獲，北碑法者豈高士而適成為瑞老一家之面目，故豪而題此一詩以申吾所欽佩，於此我公有[illegible]

老人一笑。又及

老人一詩豈不更易出，故此不敢請耳。又及

丙未悲花秋下乙卯年乃項子京收藏印章，七世又曰子孫永保，謹覆

庚子九月廿四日與寶人赴杭州奉懷

行嚴老伯

履川先長履元今年六十正以為壽

濃黛盤紆媚路秋，桐攜稚髻雪湖頭。丹楓黃菊紛供眼，水態雲容競傍舟。方榮香香吳越史，滄波渺渺鳳麟洲。一星南極勞吟望，獨把清尊自獻酬。

猶逐東坡嶺表行，雪堂二客俊推卿。書帷香海憐殘迹，鍾韻羅浮懷主盟。夙共驅馳千里道，可無流灑十年先。堂堂周甲辭源壯，何日歸來賦兩京。

後四日返上海寓齋錄稿僕

點定再僕手　伯鷹再拜

讀鮮于樞大字詩贊真蹟卷

潘伯鷹

元鮮于樞大字詩贊真跡卷，原藏周湘雲家，解放後，由政府收購，現藏上海博物館。麻紙本，縱四三·四五公分，橫八七六·四公分。凡六接。行草書，共七十一行。（每行二三四字不等。）此卷前書七言古詩一首，接陸居仁次韻跋詩知首缺六韻，自「鉅榜照九州」句起。（此句首缺二字）繼以吸月杯猜。最後題云「繼榮以紙徼拙作，乘興書此，不可示他人也。困學民鮮于樞」。款末文圖印「鮮于」二字。

其後另一紙為陸居仁詩跋。麻紙本，縱四二·七公分，

文，一幅首幕。觀者毋以貂尾續貂為誚。歲在辛亥蓄春十有八日，吳東野人陸居仁為范寅中書於張隱君之水竹軒。（共四十三行，草書，字大寸許。）則首款二印：上長方朱文「雲間」二字。下方白文「巡谷一叟」四字。尾款四印：方白文「陸氏居仁」四字，方朱文「宅之」二字，方白文「□松亭」三字，方朱文「寄寄軒」三字。

最後另一紙，康熙間徐乾學跋，不記。

讀此卷後，從多個角度，兩言個人的感想如后：

首先，從傳世的鮮于筆跡上說，據佩文齋書畫譜載有「与嚴受士翰墨」一件，「遺墨」一件，「詩帖」一件，「迎詔三詩」一件，「蘭亭記」一件，「草書後赤壁賦」一件，「詩墨」一件，「真草千文一件，「草書千文」一件，「墨蹟」一件，「帖」一件，（原注：戲鴻堂

高齋偶遵嘱寫上少
幅視原定者猶大也
加裁剪
大文一篇照録入則字

玄隱廬
運乾書

必更小難之
壁間不易為人所見

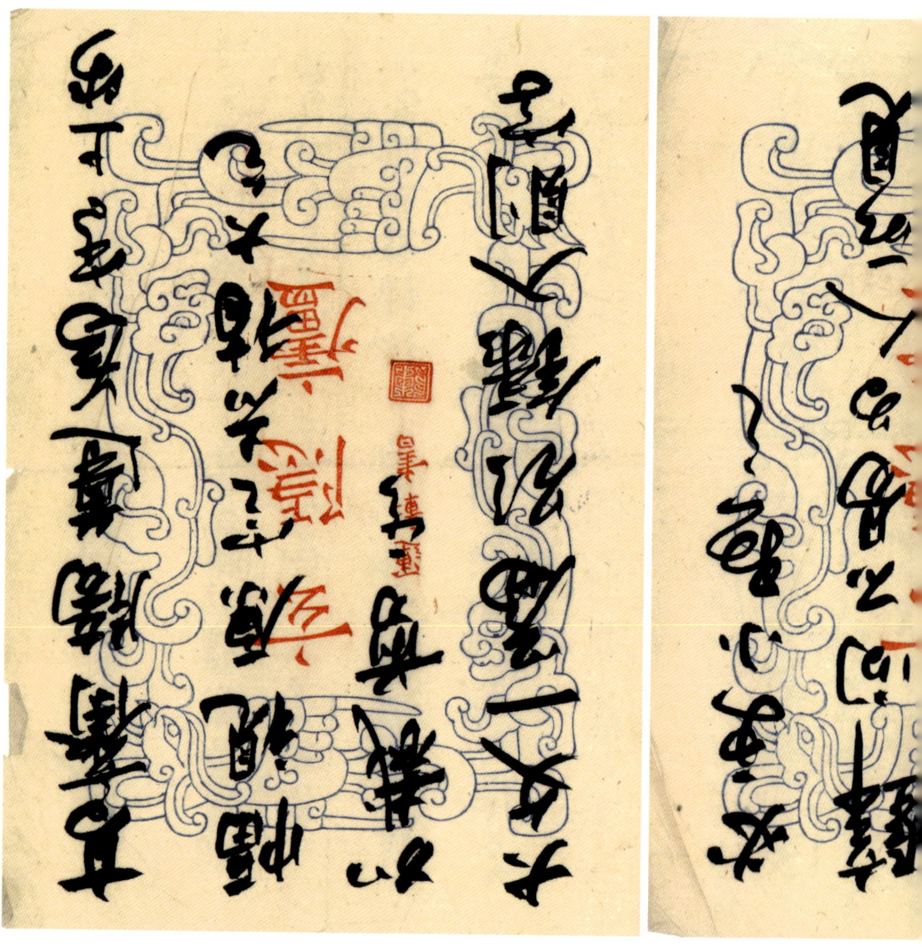

圖書在版編目（CIP）數據

玄隱廬録印 / 陳茗屋輯拓；張弘呈，趙雲編. -- 杭州：西泠印社出版社，2022.6
（方來界：敦堂書畫金石文字叢刊；廿一）
ISBN 978-7-5508-3638-9

Ⅰ．①玄… Ⅱ．①陳… ②張… ③趙… Ⅲ．①古印（考古）—收藏—中國 Ⅳ．①G262.1

中國版本圖書館CIP數據核字（2022）第013049號

方來界　敦堂書畫金石文字叢刊之廿一

玄隱廬録印

陳茗屋　輯拓
張弘呈　趙雲　編

出品人　江吟
品牌策劃　来曉平
責任編輯　李寒晴
責任出版　李兵
責任校對　徐岫
出版發行　西泠印社出版社
（杭州西湖文化廣場三十二號五樓　郵政編碼　三一〇〇一四）
經　銷　全國新華書店
裝幀設計　敦堂工作室
製　版　杭州如一圖文製作有限公司
印　刷　浙江海虹彩色印務有限公司
開　本　八八九毫米乘一一九四毫米　三十二開
印　張　七点二五
印　數　〇〇〇一—一五〇〇
書　號　ISBN 978-7-5508-3638-9
版　次　二〇二二年六月第一版　第一次印刷
定　價　貳佰玖拾捌圓

西泠印社出版社發行部聯繫方式：（〇五七一）八七二四三〇七九

敦堂書畫金石文字叢刊

一　《晋唐小楷八種》
二　《叢翠堂藏黄牧甫印存》
三　《聽風樓金石文字》
四　《廣東省立中山圖書館藏黄牧甫印譜九種》
五　《王福盦書法集》
六　《篤齋藏翁松禪尺牘》
七　《陳巨來先生自抑印譜》
八　《安持精舍印聚》（原鈐本）
九　《一覽衆山小小譜》
十　《陳巨來先生自鈐印稿》
十一　《篤齋藏吴大澂手跡四種》
十二　《一覽衆山小小譜》（原鈐本）
十三　《黄士陵手鈐十六金符齋印存》
十四　《趙叔孺篆書選》
十五　《五十榕城將軍章》
十六　《趙孟頫書洛神賦放大法帖》
十七　《伏廬玫藏鉩印》
十八　《黄牧甫書聖主得賢臣頌》
十九　《唐醉石篆刻集》
二十　《當下譜》
廿一　《玄隱廬録印》